Impressum
Verlag: BABADADA GmbH, Nedderfeld 112 , 22529 Hamburg
Geschäftsführer / Verlagsleitung: Harald Hof
Druck: Books on Demand GmbH, In de Tarpen 42, 22848 Norderstedt

Imprint
Publisher: BABADADA GmbH, Nedderfeld 112 , 22529 Hamburg, Germany
Managing Director / Publishing direction: Harald Hof
Print: Books on Demand GmbH, In de Tarpen 42, 22848 Norderstedt, Germany

Šola

kool

Razred
klassiruum

Deljenje
jagama

186/2

Tabla
tahvel

Šolsko dvorišče
koolihoov

Učitelj
õpetaja

Papir
paber

Pisati
kirjutama

Pisalo
pastapliiats

Pisalna miza
kirjutuslaud

Ravnilo
joonlaud

Knjiga
raamat

Učenec
õpilane

Šolska torba

koolikott

Peresnica

pinal

Svinčnik

harilik pliiats

Šilček

pliiatsiteritaja

Radirka

kustukumm

Risalni blok

joonistusplokk

Risba

joonistus

Čopič

pintsel

Vodene barvice

värvikarp

Škarje

käärid

Lepilo

liim

Zvezek

töövihik

Domača naloga

kodutöö

12

Število

number

2+2

Seštevanje

liitma

5-2

Odštevanje

lahutama

2×2

Množenje

korrutama

Računanje

arvutama

A

Črka

täht

ABCDEFG
HIJKLMN
OPQRSTU
VWXYZ

Abeceda

tähestik

hello

Beseda

sõna

Besedilo

tekst

Brati

lugema

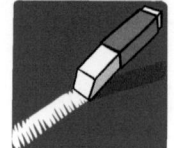

Kreda

kriit

Učna ura

koolitund

Redovalnica

klassipäevik

Preizkus znanja

eksam

Spričevalo

tunnistus

Šolska uniforma

koolivorm

Izobrazba

haridus

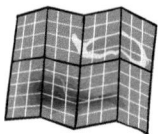

Enciklopedija

entsüklopeedia

Univerza

ülikool

Mikroskop

mikroskoop

Zemljevid

kaart

Koš za smeti

paberikorv

Potovanje
reisimine

Hotel
hotell
Grand
Hostel
hostel
ROOMS
Menjalnica
valuutavahetuspunkt
CHANGE
Kovček
kohver
Avtomobil
auto

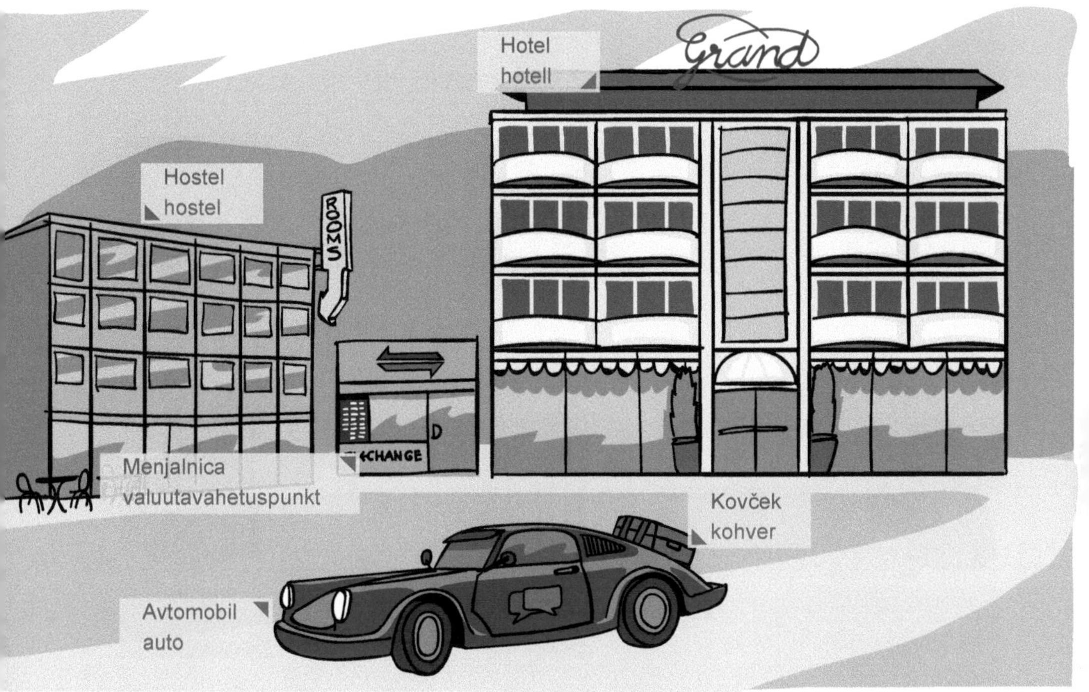

Jezik

keel

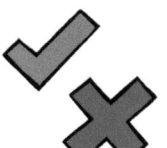

da / ne

jah / ei

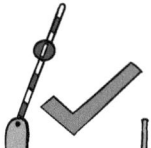

Prav

okei

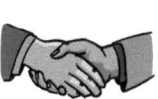

Pozdravljeni

Tere!

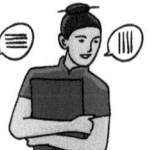

Prevajalec

tõlk

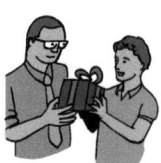

Hvala

Aitäh!

Koliko stane…?

Kui palju maksab …?

Ne razumem

Ma ei saa aru

Težava

probleem

Dober večer!

Tere õhtust!

Dobro jutro!

Tere hommikust!

Lahko noč!

Head ööd!

Nasvidenje

Head aega!

Smer

suund

Prtljaga

pagas

Torba

kott

Nahrbtnik

seljakott

Gost

külaline

Soba

tuba

Spalna vreča

magamiskott

Šotor

telk

Turistične informacije

turismiinfo

Plaža

rand

Kreditna kartica

krediitkaart

Zajtrk

hommikusöök

Kosilo

lõunasöök

Večerja

õhtusöök

Vozovnica

pilet

Dvigalo

lift

Znamka

postmark

Meja

riigipiir

Carina

toll

Veleposlaništvo

saatkond

Vizum

viisa

Potni list

pass

Prevoz
transport

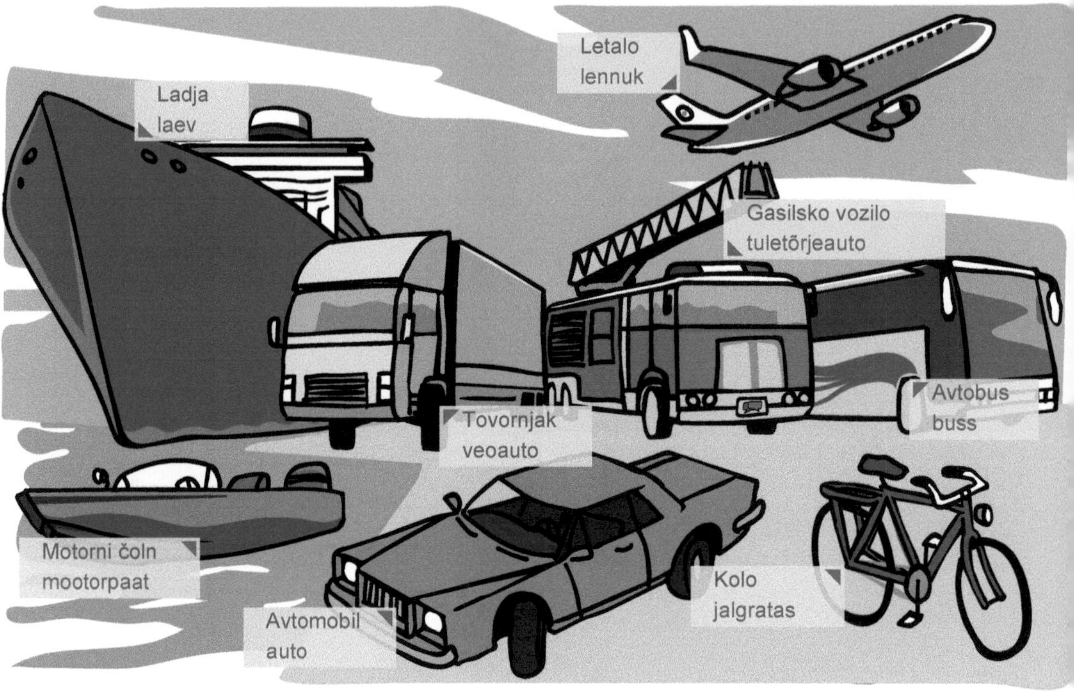
Letalo
lennuk
Ladja
laev
Gasilsko vozilo
tuletõrjeauto
Avtobus
buss
Tovornjak
veoauto
Motorni čoln
mootorpaat
Kolo
jalgratas
Avtomobil
auto

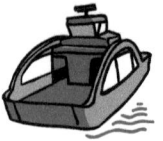

Trajekt

praam

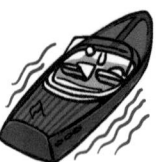

Čoln

paat

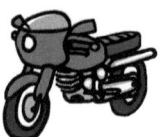

Motorno kolo

mootorratas

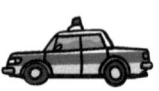

Policijski avto

politseiauto

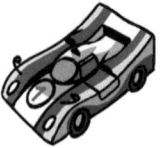

Dirkalni avto

võidusõiduauto

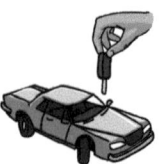

Najeto vozilo

rendiauto

Souporaba avtomobila

ühisauto

Avtovleka

puksiirauto

Smetarsko vozilo

prügiauto

Motor

mootor

Gorivo

kütus

Bencinska postaja

tankla

Prometni znak

liiklusmärk

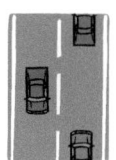

Promet

liiklus

Zastoj

liiklusummik

Parkirišče

parkla

Železniška postaja

raudteejaam

Tirnice

rööpad

Vlak

rong

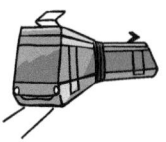

Tramvaj

tramm

Vagon

vagun

Helikopter

helikopter

Letališče

lennujaam

Stolp

torn

Potnik

reisija

Kontejner

konteiner

Karton

pappkast

Voziček

käru

Košara

korv

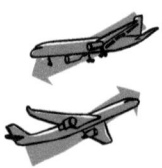

vzleteti / pristati

õhku tõusma / maanduma

Mesto

linn

Vas

küla

Mestno jedro

kesklinn

Hiša

maja

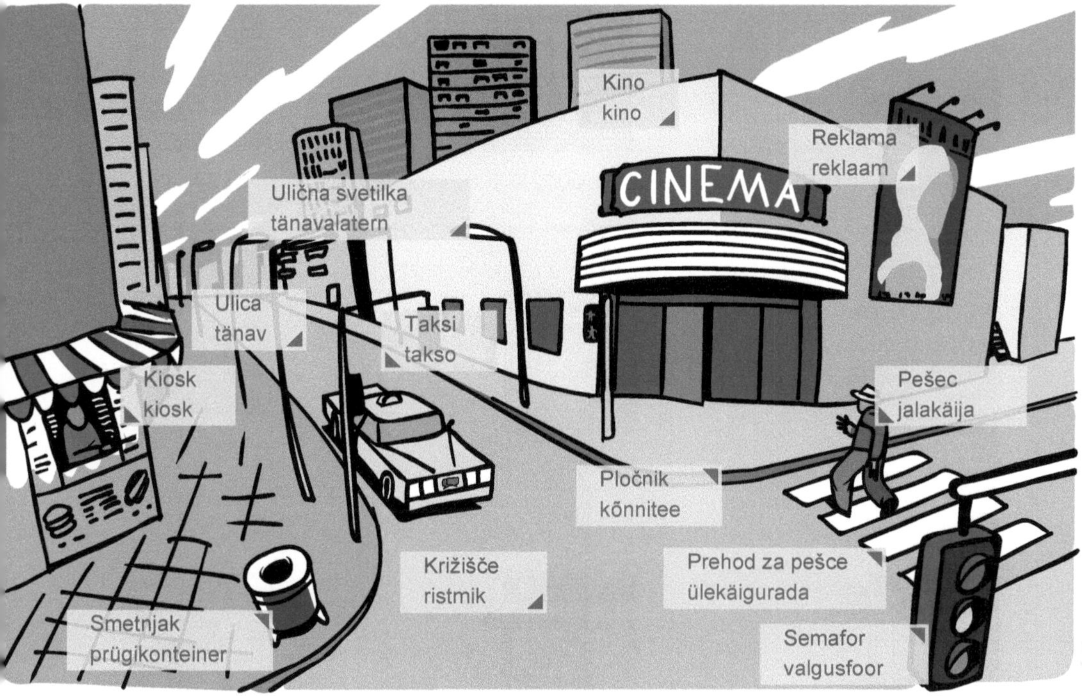

Kino
kino

Reklama
reklaam

Ulična svetilka
tänavalatern

Ulica
tänav

Taksi
takso

Kiosk
kiosk

Pešec
jalakäija

Pločnik
kõnnitee

Križišče
ristmik

Prehod za pešce
ülekäigurada

Smetnjak
prügikonteiner

Semafor
valgusfoor

Koča
osmik

Stanovanje
kortermaja

Železniška postaja
raudteejaam

Mestna hiša
raekoda

Muzej
muuseum

Šola
kool

Univerza

ülikool

Banka

pank

Bolnišnica

haigla

Hotel

hotell

Lekarna

apteek

Pisarna

kontor

Knjigarna

raamatupood

Trgovina

kauplus

Cvetličarna

lillepood

Supermarket

supermarket

Tržnica

turg

Veleblagovnica

kaubamaja

Ribarnica

kalapood

Nakupovalno središče

kaubanduskeskus

Pristanišče

sadam

Park

park

Klop

pink

Most

sild

Stopnice

trepp

Podzemna železnica

metroo

Predor

tunnel

Avtobusno postajališče

bussipeatus

Bar

baar

Restavracija

restoran

Poštni nabiralnik

postkast

Ulična tabla

tänavasilt

Parkirna ura

parkimisautomaat

Živalski vrt

loomaaed

Kopališče

ujula

Mošeja

mošee

Kmetija	Onesnaževanje	Pokopališče
talu	reostus	surnuaed

Cerkev	Otroško igrišče	Tempelj
kirik	mänguväljak	tempel

Pokrajina

maastik

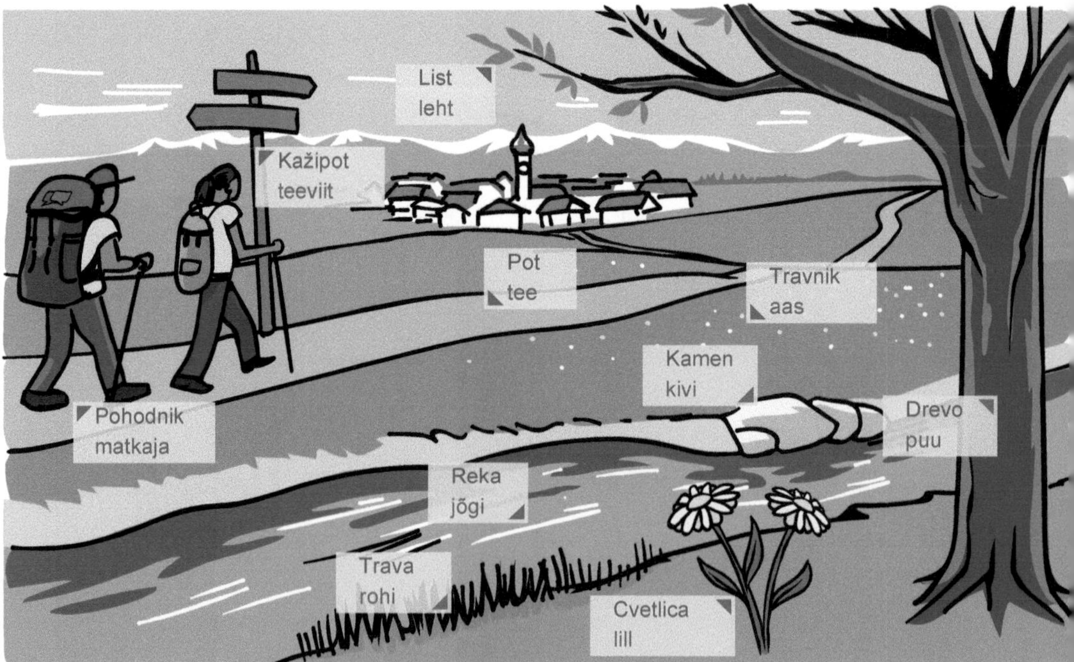

List
leht

Kažipot
teeviit

Pot
tee

Travnik
aas

Kamen
kivi

Pohodnik
matkaja

Drevo
puu

Reka
jõgi

Trava
rohi

Cvetlica
lill

Dolina

org

Hrib

mägi

Jezero

järv

Gozd

mets

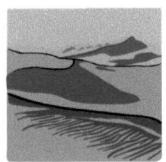

Puščava

kõrb

Vulkan

vulkaan

Grad

linnus

Mavrica

vikerkaar

Goba

seen

Palma

palm

Komar

sääsk

Muha

kärbes

Mravlja

sipelgas

Čebela

mesilane

Pajek

ämblik

Hrošč

mardikas

Žaba

konn

Veverica

orav

Jež

siil

Zajec

jänes

Sova

öökull

Ptič

lind

Labod

luik

Divji prašič

metssiga

Jelen

hirv

Los

põder

Jez

pais

Vetrnica

tuuleturbiin

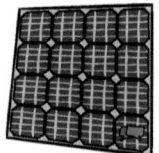

Solarna plošča

päikesepaneel

Podnebje

kliima

Natakar
kelner

Jedilnik
menüü

Stol
tool

Juha
supp

Pica
pitsa

Pribor
söögiriistad

Prt
laudlina

Predjed
....
eelroog

Glavna jed
....
pearoog

Sladica
....
magustoit

Pijače
....
joogid

Hrana
....
toit

Steklenica
....
pudel

Hitra hrana

kiirtoit

Ulična hrana

tänavatoit

Čajnik

teekann

Sladkornica

suhkrutoos

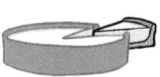

Porcija

portsjon

Aparat za espresso

espressomasin

Stolček za hranjenje

lastetool

Račun

arve

Pladenj

kandik

Nož

nuga

Vilica

kahvel

Žlica

lusikas

Čajna žlička

teelusikas

Servieta

salvrätik

Kozarec

klaas

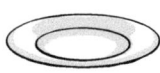

Krožnik

taldrik

Globoki krožnik

supitaldrik

Krožniček

alustass

Omaka

kaste

Solnica

soolatoos

Mlinček za poper

pipraveski

Kis

äädikas

Olje

õli

Začimbe

vürtsid

Kečap

ketšup

Gorčica

sinep

Majoneza

majonees

Supermarket
supermarket

Posebna ponudba
eripakkumine
FOR
Stranka
klient
Mlečni izdelki
piimatooted
Sadje
puuviljad
Nakupovalni voziček
ostukäru

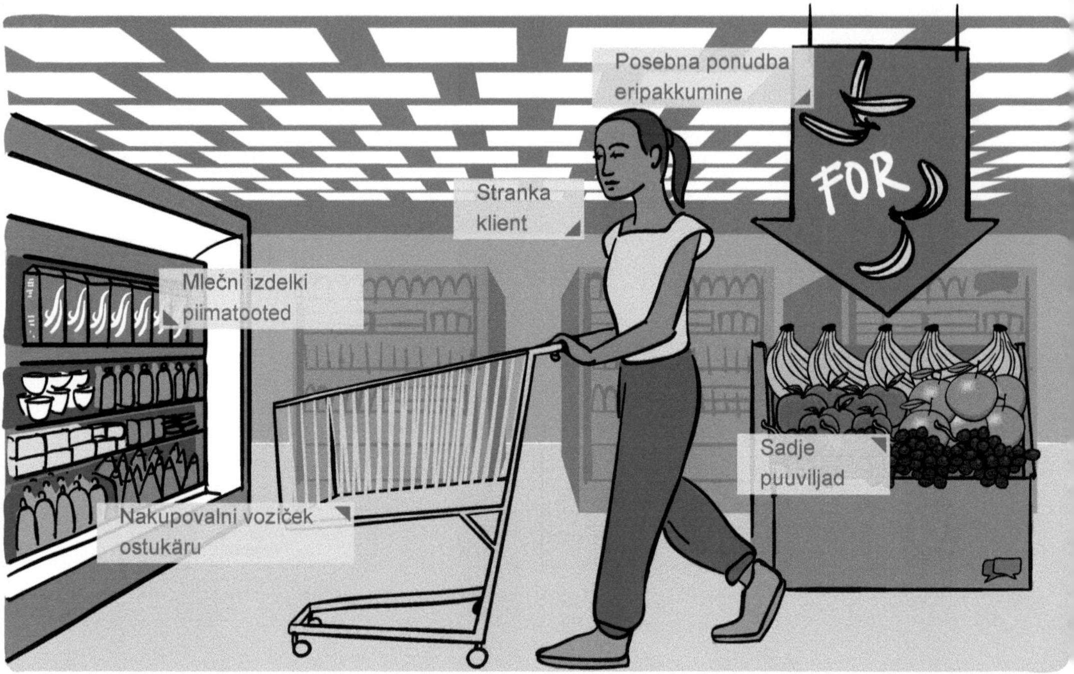

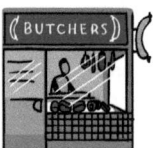

BUTCHERS

Mesnica

lihapood

BAKERY

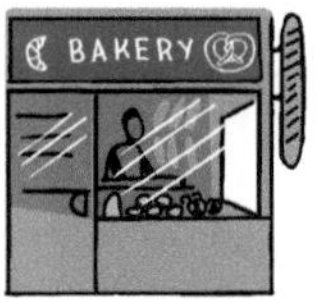

Pekarna

pagariäri

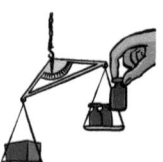

Tehtati

kaaluma

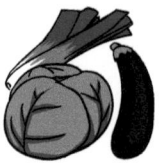

Zelenjava

köögiviljad

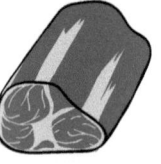

Meso

liha

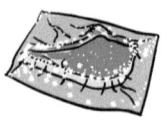

Zamrznjena hrana

külmutatud toit

Hladne mesnine

lihalõigud

Konzerve

konservid

Pralni prašek

pesupulber

Sladkarije

maiustused

Gospodinjski izdelki

majatarbed

Čistilno sredstvo

puhastustooted

Prodajalka

müüja

Blagajna

kassaaparaat

Blagajnik

kassapidaja

Nakupovalni seznam

ostunimekiri

Delovni čas

lahtiolekuajad

Denarnica

rahakott

Kreditna kartica

krediitkaart

Torba

kott

Plastična vrečka

kilekott

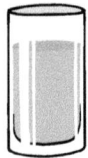

Voda

vesi

Sok

mahl

Mleko

piim

Kola

koola

Vino

vein

Pivo

õlu

Alkohol

alkohol

Kakav

kakao

Čaj

tee

Kava

kohv

Espresso

espresso

Kapučino

cappuccino

Banana

banaan

Jabolko

õun

Pomaranča

apelsin

Lubenica

arbuus

Limona

sidrun

Korenje

porgand

Česen

küüslauk

Bambus

bambus

Čebula

sibul

Goba

seen

Oreščki

pähklid

Rezanci

nuudlid

Špageti

spagetid

Riž

riis

Solata

salat

Ocvrt krompirček

friikartulid

Pečen krompir

praekartulid

Pica

pitsa

Hamburger

hamburger

Sendvič

võileib

Zrezek

šnitsel

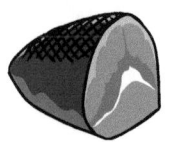

Šunka

sink

Salama

salaami

Klobasa

vorst

Piščanec

kana

Pečenka

praeliha

Riba

kala

Ovseni kosmiči

kaerahelbed

Musli

müsli

Koruzni kosmiči

maisihelbed

Moka

jahu

Rogljiček

sarvesai

Žemlja

kukkel

Kruh

leib

Prepečenec

röstsai

Piškoti

küpsised

Maslo

või

Skuta

kohupiim

Torta

kook

Jajce

muna

Pečeno jajce na oko

praemuna

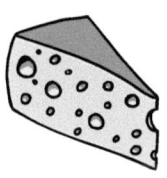

Sir

juust

Sladoled

jäätis

Sladkor

suhkur

Med

mesi

Marmelada

moos

Čokoladni namaz

pähklivõie

Kari

karri

Kmetija
talu

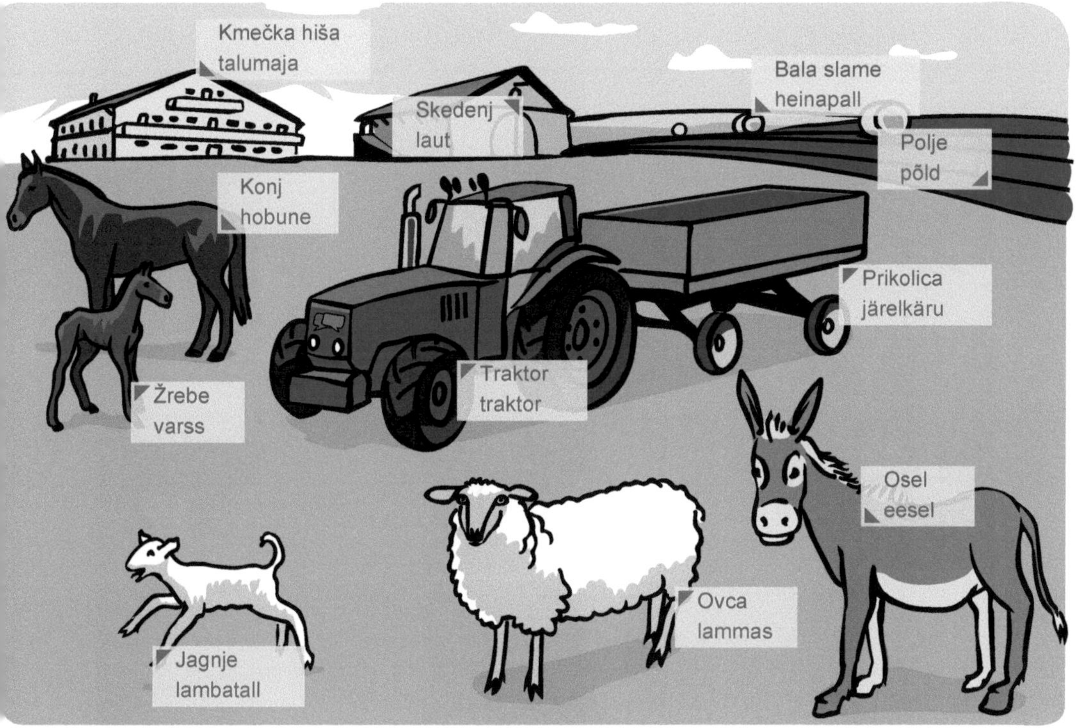
Kmečka hiša
talumaja
Skedenj
laut
Bala slame
heinapall
Polje
põld
Konj
hobune
Prikolica
järelkäru
Žrebe
varss
Traktor
traktor
Osel
eesel
Ovca
lammas
Jagnje
lambatall

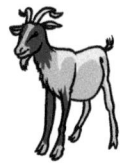

Koza

kits

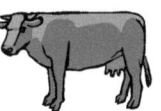

Krava

lehm

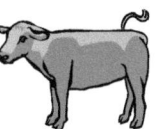

Tele

vasikas

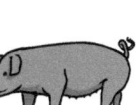

Prašič

siga

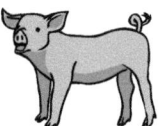

Pujsek

põrsas

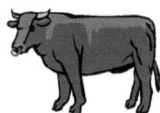

Bik

pull

Gos

hani

Raca

part

Piščanec

tibu

Kokoš

kana

Petelin

kukk

Podgana

rott

Mačka

kass

Miš

hiir

Vol

härg

Pes

koer

Pasja uta

koerakuut

Cev za zalivanje

aiavoolik

Kangla za zalivanje

kastekann

Kosa

vikat

Plug

ader

Srp

sirp

Motika

kõblas

Vile

hang

Sekira

kirves

Samokolnica

käru

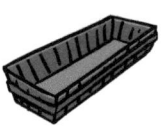

Korito

küna

Kangla za mleko

piimanõu

Vreča

kott

Ograja

tara

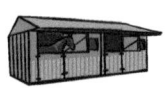

Hlev

tall

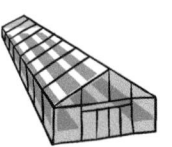

Rastlinjak

kasvuhoone

Prst

muld

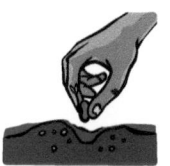

Seme

seeme

Gnojilo

väetis

Kombajn

kombain

Žeti

saaki koristama

Žetev

saagikoristus

Jam

jamss

Pšenica

nisu

Soja

soja

Krompir

kartul

Koruza

mais

Oljna ogrščica

raps

Sadno drevo

viljapuu

Maniok

maniokk

Žito

teravili

Hiša
maja

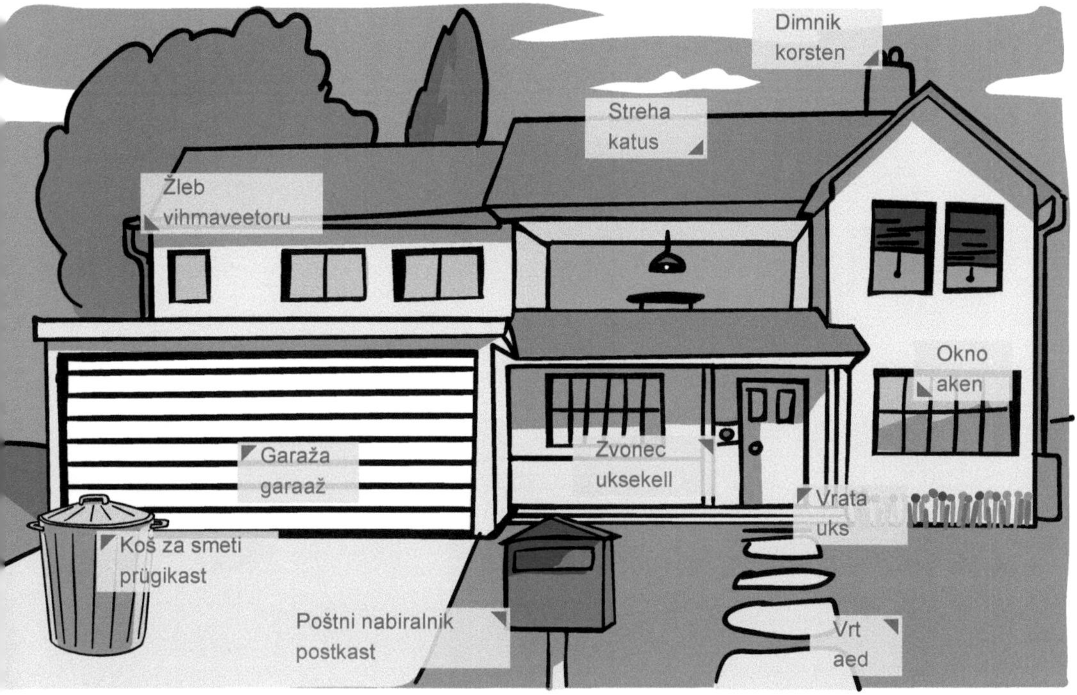
Dimnik
korsten
Streha
katus
Žleb
vihmaveetoru
Okno
aken
Garaža
garaaž
Zvonec
uksekell
Vrata
uks
Koš za smeti
prügikast
Poštni nabiralnik
postkast
Vrt
aed

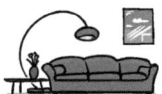

Dnevna soba
elutuba

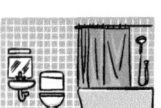

Kopalnica
vannituba

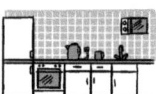

Kuhinja
köök

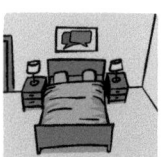

Spalnica
magamistuba

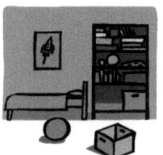

Otroška soba
lastetuba

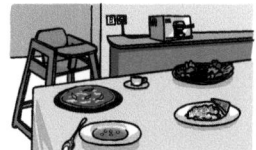

Jedilnica
söögituba

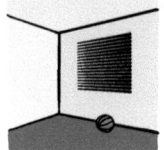

Tla

põrand

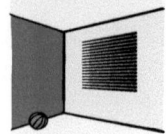

Stena

sein

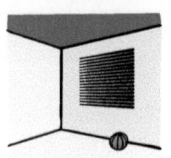

Strop

lagi

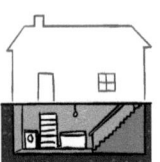

Klet

kelder

Savna

saun

Balkon

rõdu

Terasa

terrass

Bazen

bassein

Kosilnica

muruniiduk

Rjuha

voodilina

Posteljno pregrinjalo

päevatekk

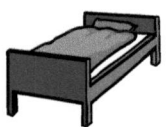

Postelja

voodi

Metla

luud

Vedro

ämber

Stikalo

lüliti

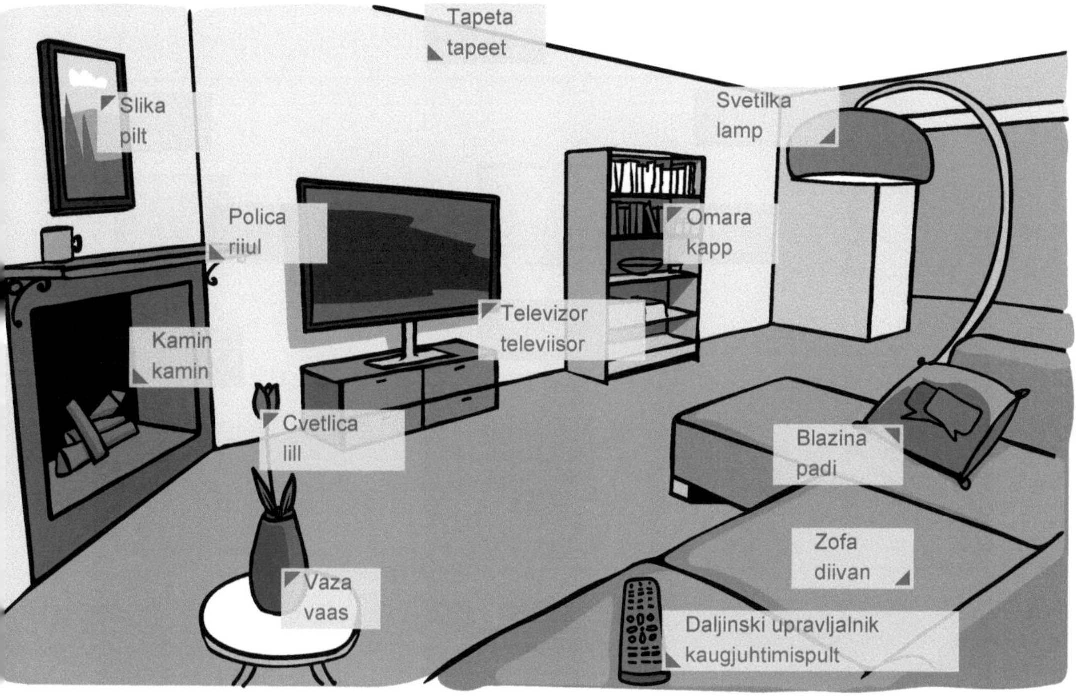

Tapeta
tapeet

Slika
pilt

Svetilka
lamp

Polica
riiul

Omara
kapp

Televizor
televiisor

Kamin
kamin

Cvetlica
lill

Blazina
padi

Zofa
diivan

Vaza
vaas

Daljinski upravljalnik
kaugjuhtimispult

Preproga
vaip

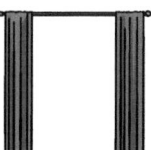

Zavesa
kardin

Miza
laud

Stol
tool

Gugalnik
kiiktool

Naslanjač
tugitool

Knjiga

raamat

Odeja

tekk

Dekoracija

kaunistus

Drva

küttepuud

Film

film

Glasbeni stolp

helisüsteem

Ključ

võti

Časopis

ajaleht

Slika

maal

Plakat

plakat

Radio

raadio

Beležka

märkmik

Sesalnik

tolmuimeja

Kaktus

kaktus

Sveča

küünal

Dnevna soba - elutuba

Kuhinja
köök

Hladilnik
külmik
Mikrovalovna pečica
mikrolaineahi
Kuhinjska tehtnica
köögikaal
Opekač
röster
Detergent
pesuvahend
Pečica
ahi
Zamrzovalnik
sügavkülmik
Koš za smeti
prügikast
Pomivalni stroj
nõudepesumasin

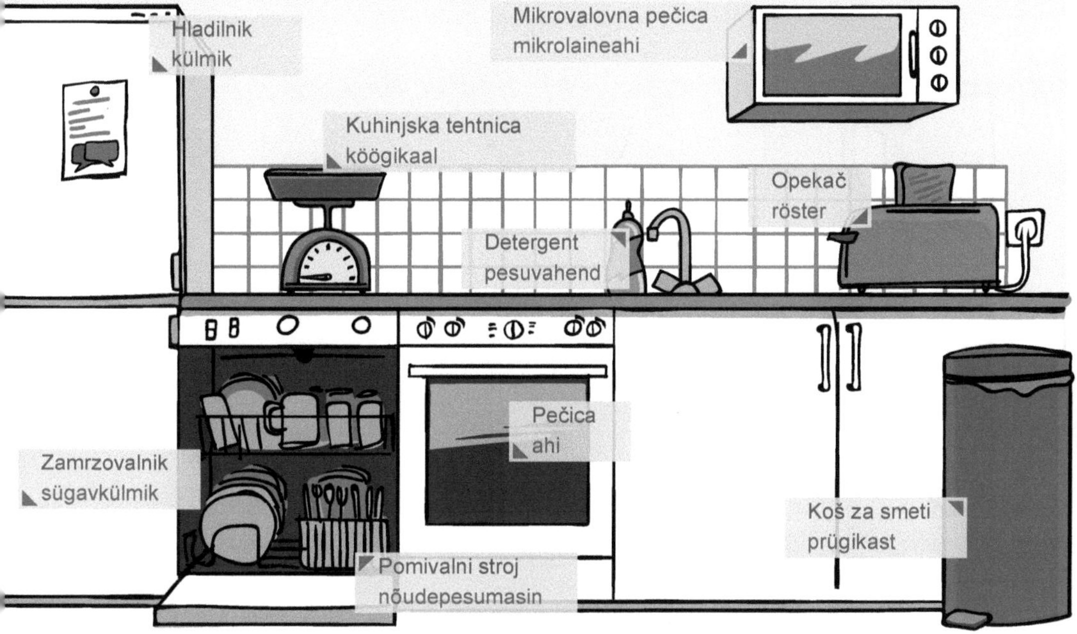

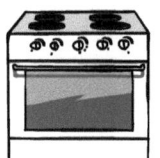

Kozica

pliit

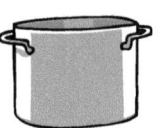

Lonec

pott

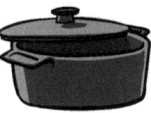

Litoželezni lonec

malmpott

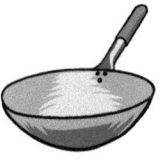

Vok / kadai

vokkpann

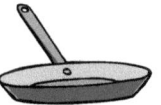

Ponev

pann

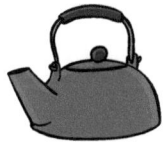

Kotliček

veekeetja

Parni kuhalnik

aurutaja

Pekač

küpsetusplaat

Posoda

lauanõud

Skodelica

kruus

Skleda

kauss

Jedilne paličice

söögipulgad

Zajemalka

kulp

Lopatica

pannilabidas

Metlica

vispel

Cedilnik

kurn

Cedilo

sõel

Strgalo

riiv

Možnar

uhmer

Žar

grill

Ognjišče

lahtine tuli

Deska za rezanje

lõikelaud

Valjar

tainarull

Odpirač za steklenice

korgitser

Pločevinka

konservipurk

Odpirač za konzerve

konserviavaja

Prijemalka za posodo

pajakinnas

Korito

kraanikauss

Ščetka

hari

Goba

pesukäsn

Mešalnik

kannmikser

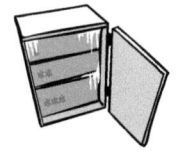

Zamrzovalna skrinja

sügavkülmuti

Steklenička

lutipudel

Pipa

segisti

Kuhinja - köök

37

Kopalnica
vannituba

Ogrevanje
küte
Brisača
käterätik
Prha
dušš
Zavesa za prho
dušikardin
Peneča kopel
mullivann
Kopalna kad
vann
Kozarec
klaas
Pralni stroj
pesumasin
Pipa
segisti
Ploščice
plaadid
Kahlica
pissipott
Korito
kraanikauss

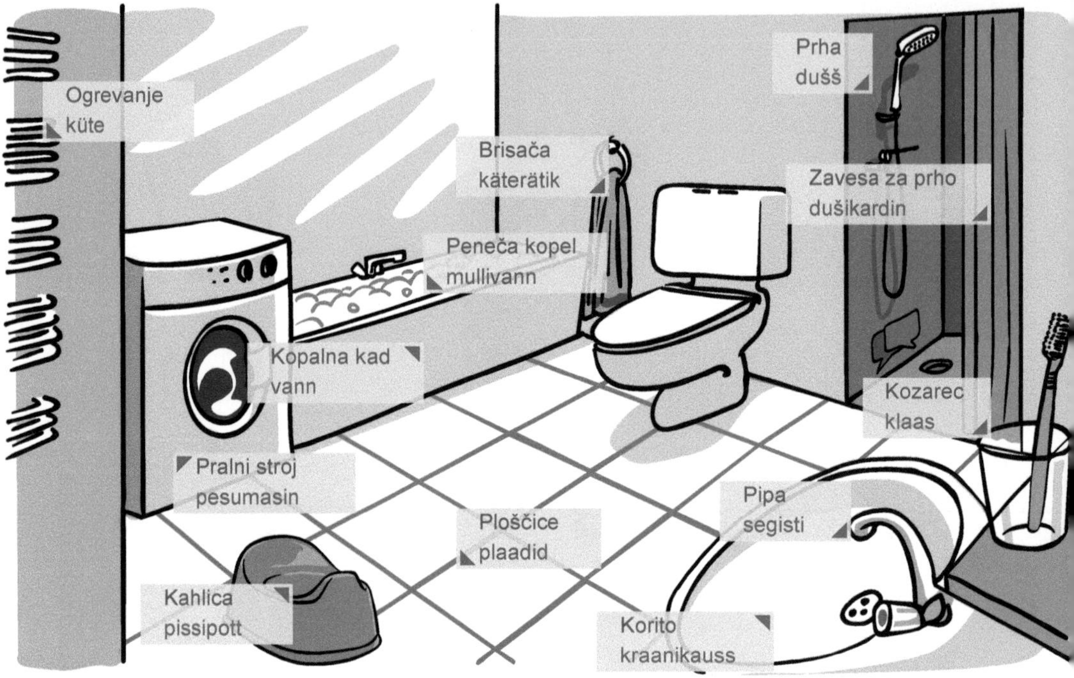

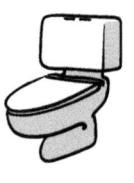

Stranišče
WC-pott

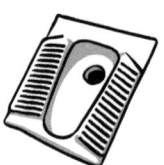

Stranišče na počep
kükitamistualett

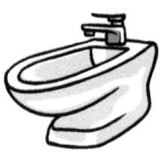

Bide
bidee

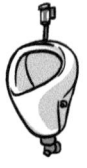

Pisoar
pissuaar

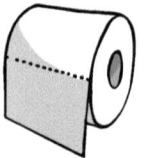

Toaletni papir
tualettpaber

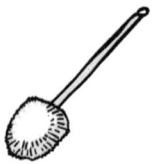

Ščetka za straniščno školjko
WC-hari

Zobna ščetka

hambahari

Zobna pasta

hambapasta

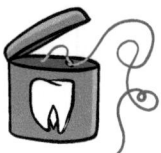

Zobna nitka

hambaniit

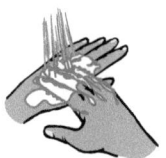

Umiti se

pesema

Ročna prha

käsidušš

Prha za intimne dele

intiimdušš

Umivalnik

pesukauss

Krtača za hrbet

seljahari

Milo

seep

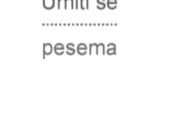

Gel za prhanje

dušigeel

Šampon

šampoon

Krpica za miljenje

vamm

Odtok

äravool

Krema

kreem

Deodorant

deodorant

Ogledalo

peegel

Ročno ogledalo

käsipeegel

Britvica

habemenuga

Pena za britje

raseerimisvaht

Vodica po britju

habemevesi

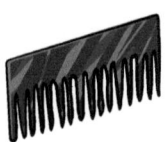

Glavnik

kamm

Ščetka

hari

Sušilnik za lase

föön

Lak za lase

juukselakk

Ličila

meigikomplekt

Šminka

huulepulk

Lak za nohte

küünelakk

Vatirane blazinice

vatt

Škarjice za nohte

küünekäärid

Parfum

parfüüm

Toaletna torbica

tualett-tarvete kott

Stol brez naslonjala

taburet

Osebna tehtnica

kaal

Kopalni plašč

hommikumantel

Gumijaste rokavice

kummikindad

Tampon

tampoon

Damski vložki

hügieeniside

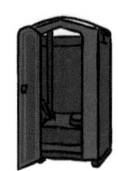

Kemično stranišče

keemiline tualett

Otroška soba

lastetuba

Budilka
äratuskell
Plišasta igrača
pehme mänguasi
Avtomobilček
mänguauto
Ropotuljica
kõristi
Hiška za punčke
nukumaja
Darilo
kingitus

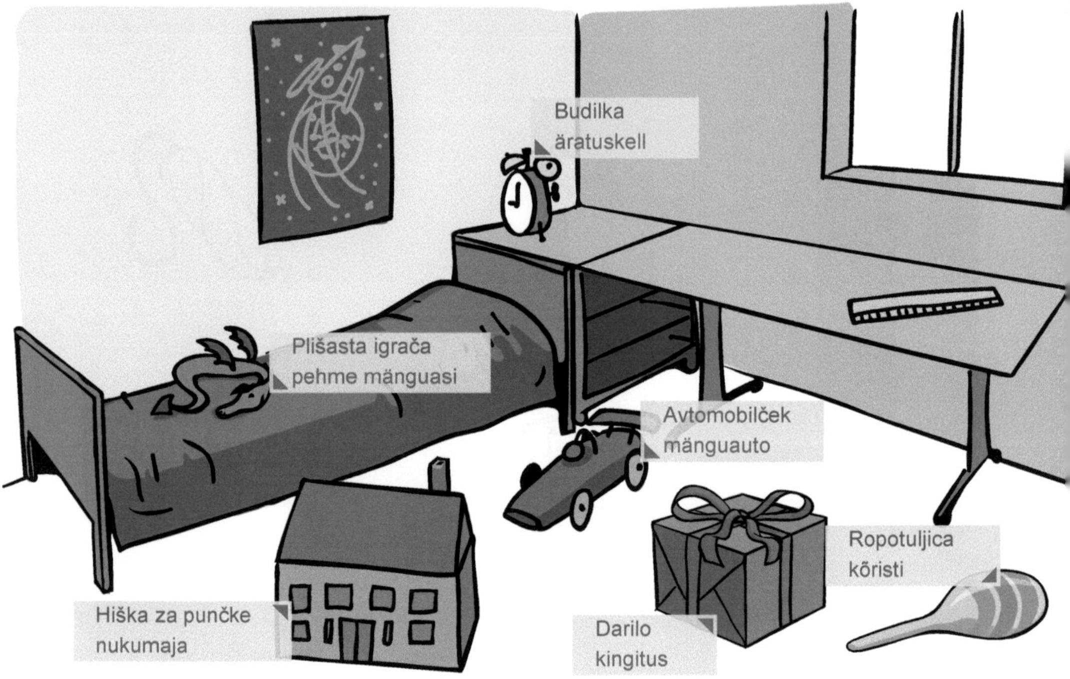

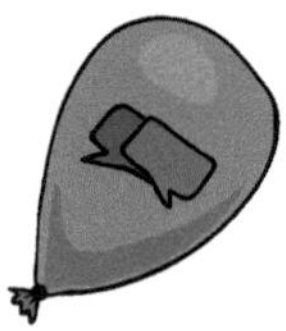

Balon

õhupall

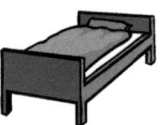

Postelja

voodi

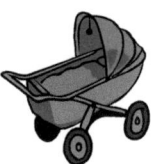

Otroški voziček

lapsevanker

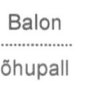

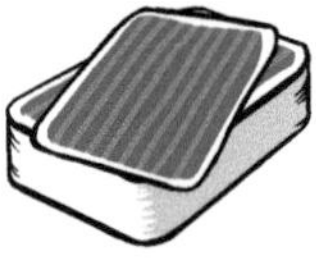

Igralne karte

kaardipakk

Sestavljanka

pusle

SUPER
MEGA

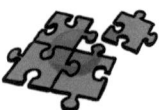

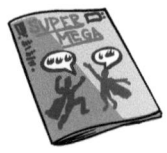

Strip

koomiks

Lego kocke

Lego klotsid

Igralne kocke

klotsid

Akcijska figura

kujuke

Bodi

siputuspüksid

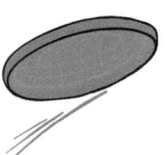

Frizbi

lendav taldrik

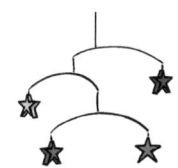

Vrtiljak za posteljico

voodikarussell

Namizna igra

lauamäng

Kocka

täringud

Komplet modelov vlakov

mudelrong

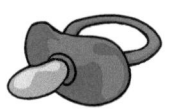

Duda

lutt

Zabava

pidu

Slikanica

pildiraamat

Žoga

pall

Lutka

nukk

Igrati se

mängima

Peskovnik

liivakast

Gugalnica

kiik

Igrače

mänguasjad

Igralna konzola

mängukonsool

Tricikel

kolmerattaline jalgratas

Plišasti medvedek

mängukaru

Garderoba

riidekapp

Oblačilo

riietus

Nogavice

sokid

Samostoječe nogavice

sukad

Hlačne nogavice

sukkpüksid

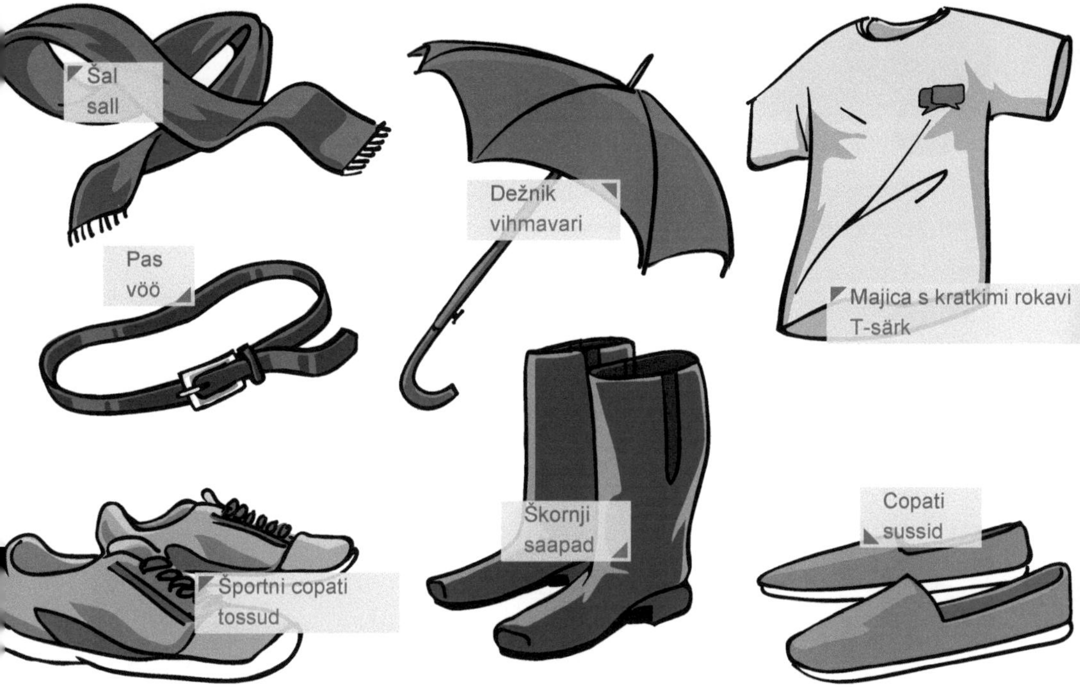

Šal
sall

Dežnik
vihmavari

Majica s kratkimi rokavi
T-särk

Pas
vöö

Športni copati
tossud

Škornji
saapad

Copati
sussid

Sandali
....
sandaalid

Čevlji
....
jalatsid

Gumijasti škornji
....
kummikud

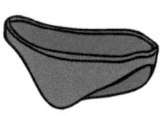

Spodnje hlače
....
aluspüksid

Modrček
....
rinnahoidja

Telovnik
....
vest

Bodi

bodi

Hlače

püksid

Kavbojke

teksapüksid

Krilo

seelik

Bluza

pluus

Srajca

särk

Pulover

sviiter

Pletena jopica

dressipluus

Jopa

bleiser

Jakna

jakk

Plašč

mantel

Dežni plašč

vihmamantel

Kostim

kostüüm

Obleka

kleit

Poročna obleka

pulmakleit

Obleka

ülikond

Spalna srajca

öösärk

Pižama

pidžaama

Sari

sari

Naglavna ruta

pearätt

Turban

turban

Burka

burka

Kaftan

kaftan

Abaja

abayah

Kopalke

ujumistrikoo

Kopalne hlače

ujumispüksid

Kratke hlače

lühikesed püksid

Trenirka

dressid

Predpasnik

põll

Rokavice

kindad

Gumb

nööp

Očala

prillid

Zapestnica

käevõru

Verižica

kaelakee

Prstan

sõrmus

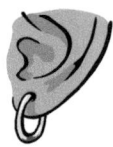

Uhan

kõrvarõngas

Kapa

nokamüts

Obešalnik

riidepuu

Klobuk

kaabu

Kravata

lips

Zadrga

tõmblukk

Čelada

kiiver

Naramnice

traksid

Šolska uniforma

koolivorm

Uniforma

vormirõivad

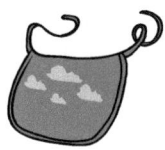

Slinček

pudipõll

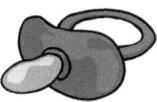

Duda

lutt

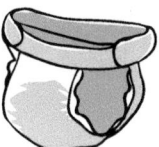

Plenica

mähe

Pisarna
kontor

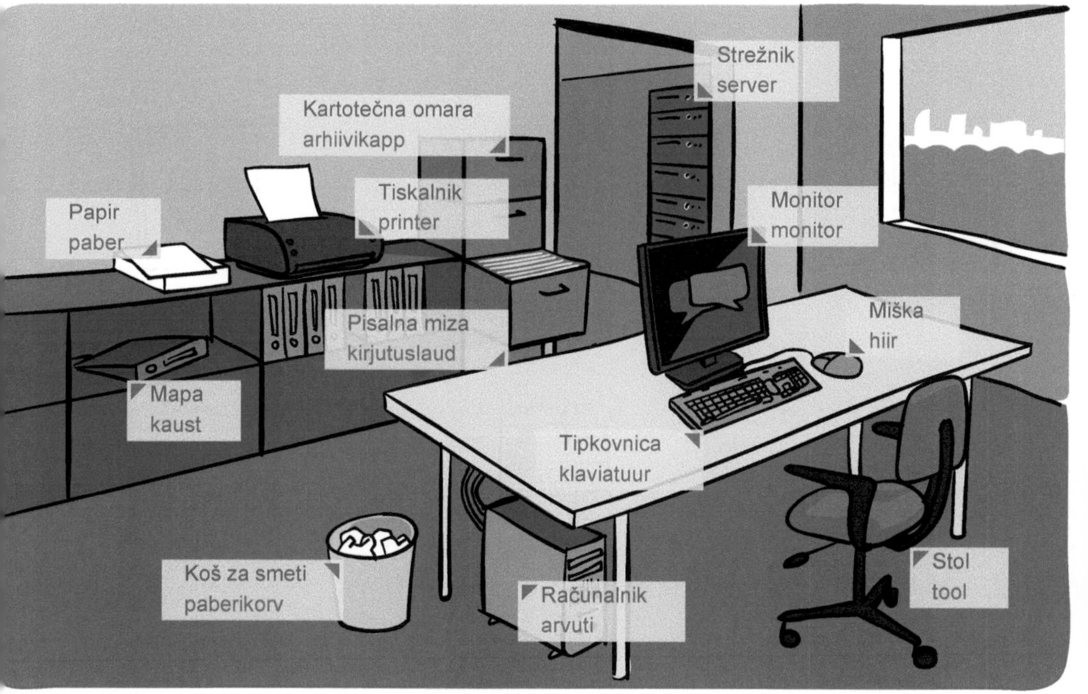
Strežnik
server
Kartotečna omara
arhiivikapp
Papir
paber
Tiskalnik
printer
Monitor
monitor
Miška
hiir
Pisalna miza
kirjutuslaud
Mapa
kaust
Tipkovnica
klaviatuur
Koš za smeti
paberikorv
Računalnik
arvuti
Stol
tool

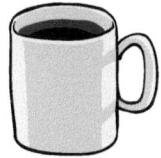

Lonček za kavo

kohvikruus

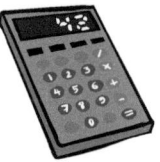

Kalkulator

kalkulaator

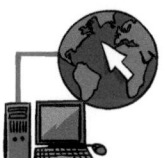

Internet

internet

Prenosnik

sülearvuti

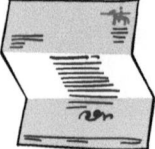

Pismo

kiri

Sporočilo

sõnum

Mobilnik

mobiiltelefon

Omrežje

võrk

Kopirni stroj

koopiamasin

Programska oprema

tarkvara

Telefon

telefon

Vtičnica

pistikupesa

Telefaks

faksimasin

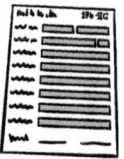

Obrazec

vorm

Dokument

dokument

Kupiti

ostma

Plačati

maksma

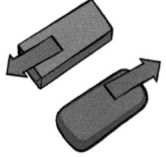

Trgovati

vahetama

Denar

raha

Dolar

dollar

Evro

euro

Jen

jeen

Rubelj

rubla

Švičarski frank

Šveitsi frank

Kitajski juan renminbi

renminbi jüaan

Rupija

ruupia

Bankomat

sularahaautomaat

Menjalnica

valuutavahetuspunkt

Zlato

kuld

Srebro

hõbe

Nafta

nafta

Energija

energia

Cena

hind

Pogodba

leping

Davek

maks

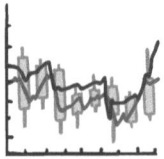

Delnice

aktsia

Delati

töötama

Delojemalec

töötaja

Delodajalec

tööandja

Tovarna

tehas

Trgovina

kauplus

Policist
politseinik

Gasilec
tuletõrjuja

Kuhar
kokk

Zdravnik
arst

Pilot
piloot

Vrtnar
aednik

Mizar
puusepp

Šivilja
õmbleja

Sodnik
kohtunik

Kemik
keemik

Igralec
näitleja

Voznik avtobusa

bussijuht

Taksist

taksojuht

Ribič

kalamees

Čistilka

koristaja

Krovec

katusepaigaldaja

Natakar

kelner

Lovec

jahimees

Pleskar

maaler

Pek

pagar

Električar

elektrik

Gradbenik

ehitaja

Inženir

insener

Mesar

lihunik

Vodovodni inštalater

torumees

Poštar

postiljon

Vojak

sõdur

Arhitekt

arhitekt

Blagajnik

kassapidaja

Cvetličar

lillemüüja

Frizer

juuksur

Sprevodnik

piletikontrolör

Mehanik

mehaanik

Kapitan

kapten

Zobozdravnik

hambaarst

Znanstvenik

teadlane

Rabin

rabi

Imam

imaam

Menih

munk

Duhovnik

preester

Orodje
tööriistad

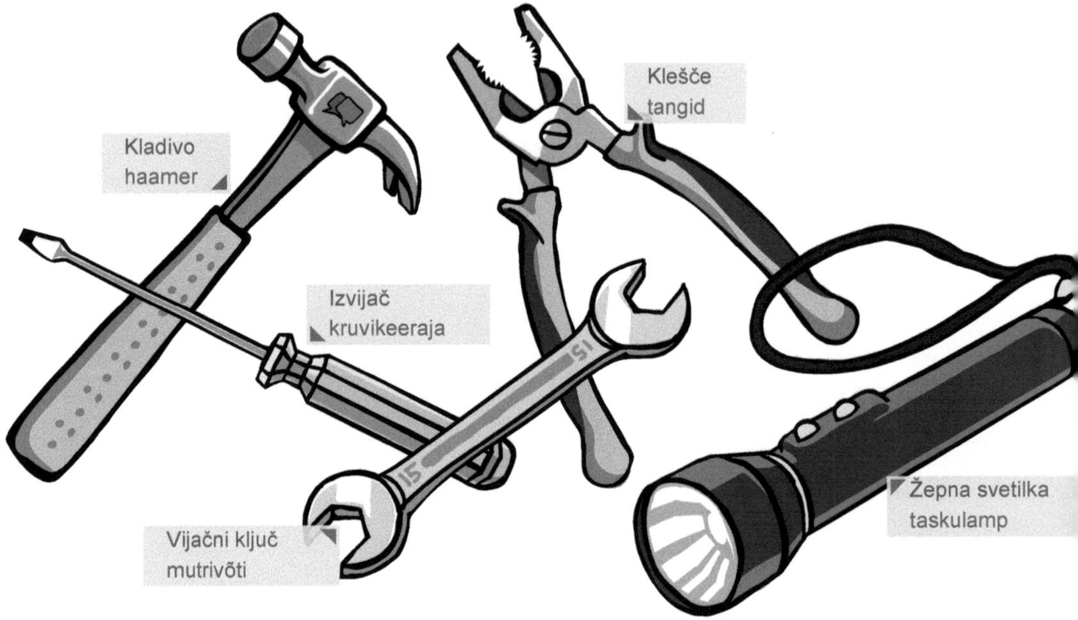
Kladivo
haamer
Klešče
tangid
Izvijač
kruvikeeraja
Vijačni ključ
mutrivõti
Žepna svetilka
taskulamp

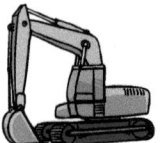

Bager

ekskavaator

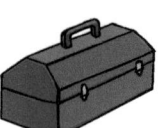

Zaboj z orodjem

tööriistakast

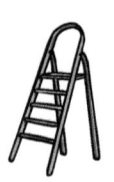

Lestev

redel

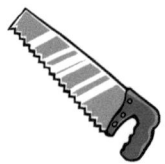

Žaga

saag

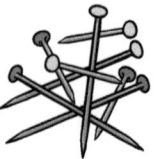

Žeblji

naelad

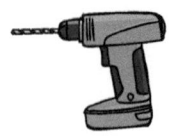

Vrtalnik

trell

Popraviti

parandama

Lopata

labidas

Šment!

Põrgusse!

Smetišnica

kühvel

Posoda z barvo

värvipott

Vijaki

kruvid

Glasbeni instrument
pillid

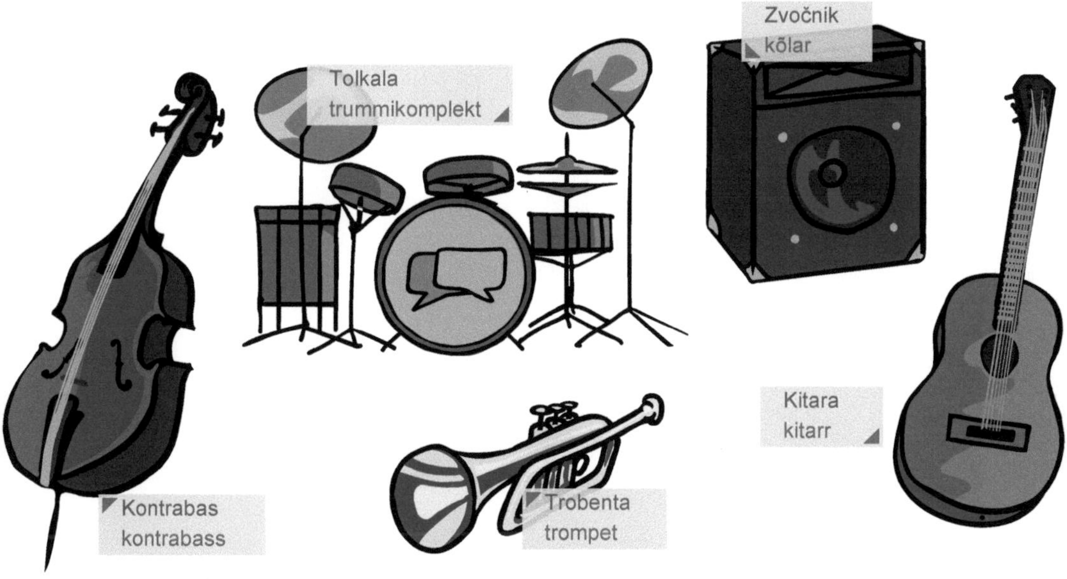

Zvočnik
kõlar

Tolkala
trummikomplekt

Kontrabas
kontrabass

Trobenta
trompet

Kitara
kitarr

Klavir

klaver

Violina

viiul

Bas kitara

bass

Pavke

timpan

Bobni

trummid

Sintetizator

süntesaator

Saksofon

saksofon

Flavta

flööt

Mikrofon

mikrofon

Živalski vrt
loomaaed

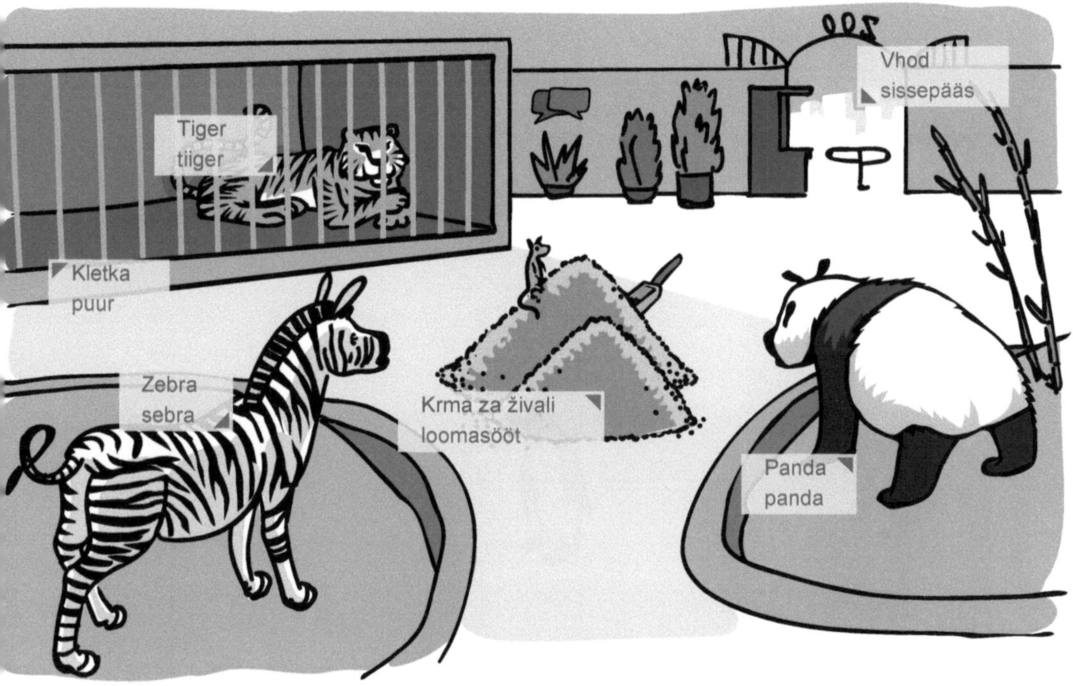
Tiger
tiger
Kletka
puur
Zebra
sebra
Krma za živali
loomasööt
Vhod
sissepääs
Panda
panda

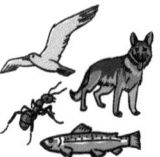

Živali

loomad

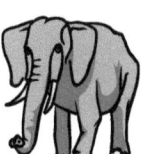

Slon

elevant

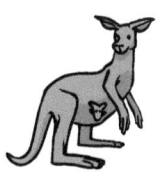

Kenguru

känguru

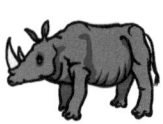

Nosorog

ninasarvik

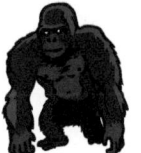

Gorila

gorilla

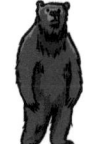

Medved

karu

Kamela

kaamel

Noj

jaanalind

Lev

lõvi

Opica

ahv

Plamenec

flamingo

Papagaj

papagoi

Severni medved

jääkaru

Pingvin

pingviin

Morski pes

hai

Pav

paabulind

Kača

madu

Krokodil

krokodill

Oskrbnik v živalskem vrtu

loomaaiatalitaja

Tjulenj

hüljes

Jaguar

jaaguar

Poni

poni

Leopard

leopard

Povodni konj

jõehobu

Žirafa

kaelkirjak

Orel

kotkas

Divji prašič

metssiga

Riba

kala

Želva

kilpkonn

Mrož

morsk

Lisica

rebane

Gazela

gasell

Ameriški nogomet
Ameerika jalgpall

Kolesarjenje
jalgrattasõit

Tenis
tennis

Košarka
korvpall

Plavanje
ujumine

Boks
poksimine

Hokej
jäähoki

Nogomet
jalgpall

Badminton
sulgpall

Atletika
kergejõustik

Rokomet
käsipall

Smučanje
suusatamine

Polo
polo

Dejavnosti
tegevused

Skočiti
hüppama
Objeti
kallistama
Smejati se
naerma
Hoditi
jalutama
Peti
laulma
Sanjati
unistama
Moliti
palvetama
Poljubiti
suudlema

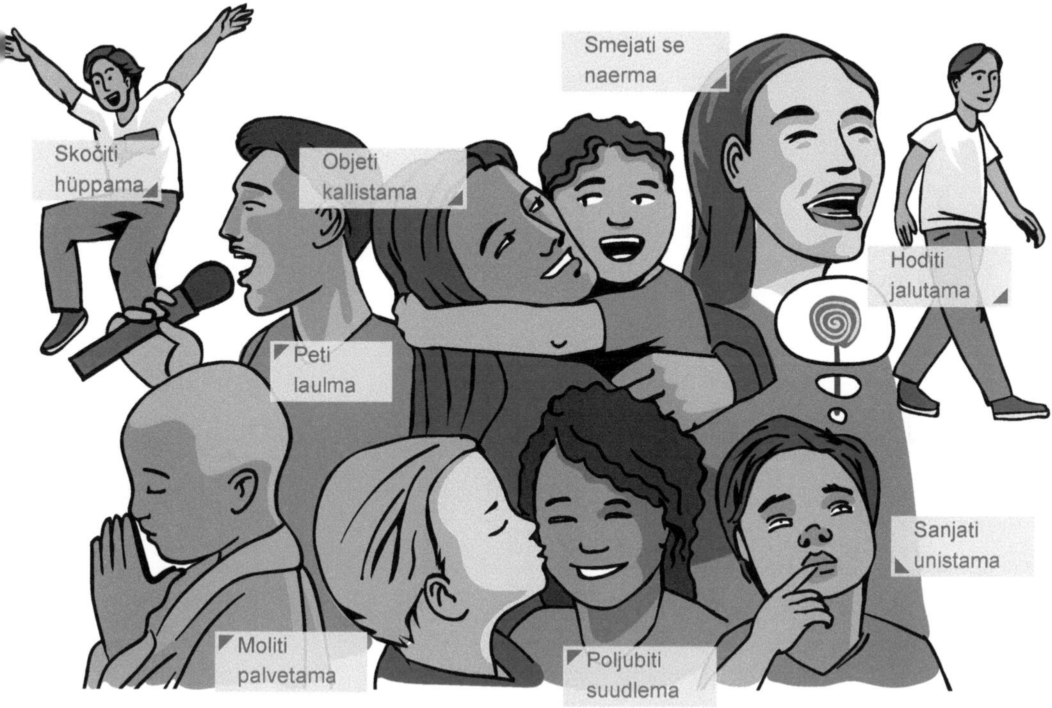

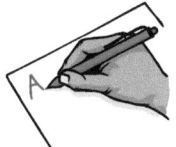

Pisati
kirjutama

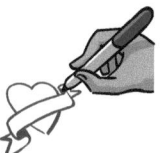

Risati
joonistama

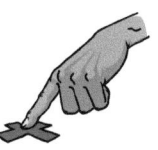

Pokazati
näitama

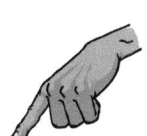

Potisniti
lükkama

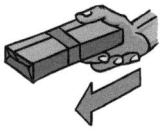

Dati
andma

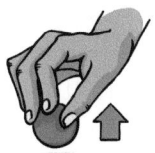

Vzeti
võtma

Imeti

omama

Narediti

tegema

Biti

olema

Stati

seisma

Teči

jooksma

Vleči

tõmbama

Vreči

viskama

Pasti

kukkuma

Ležati

lamama

Čakati

ootama

Nositi

kandma

Sedeti

istuma

Obleči se

riidesse panema

Spati

magama

Zbuditi se

ärkama

Gledati

vaatama

Jokati

nutma

Božati

paitama

Česati se

kammima

Govoriti

rääkima

Razumeti

aru saama

Vprašati

küsima

Poslušati

kuulama

Piti

jooma

Jesti

sööma

Pospraviti

korrastama

Ljubiti

armastama

Kuhati

süüa tegema

Voziti

sõitma

Leteti

lendama

Jadrati

purjetama

Računanje

arvutama

Brati

lugema

Učiti se

õppima

Delati

töötama

Poročiti se

abielluma

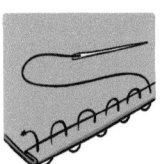

Šivati

õmblema

Ščetkati si zobe

hambaid pesema

Ubiti

tapma

Kaditi

suitsetama

Poslati

saatma

Družina
perekond

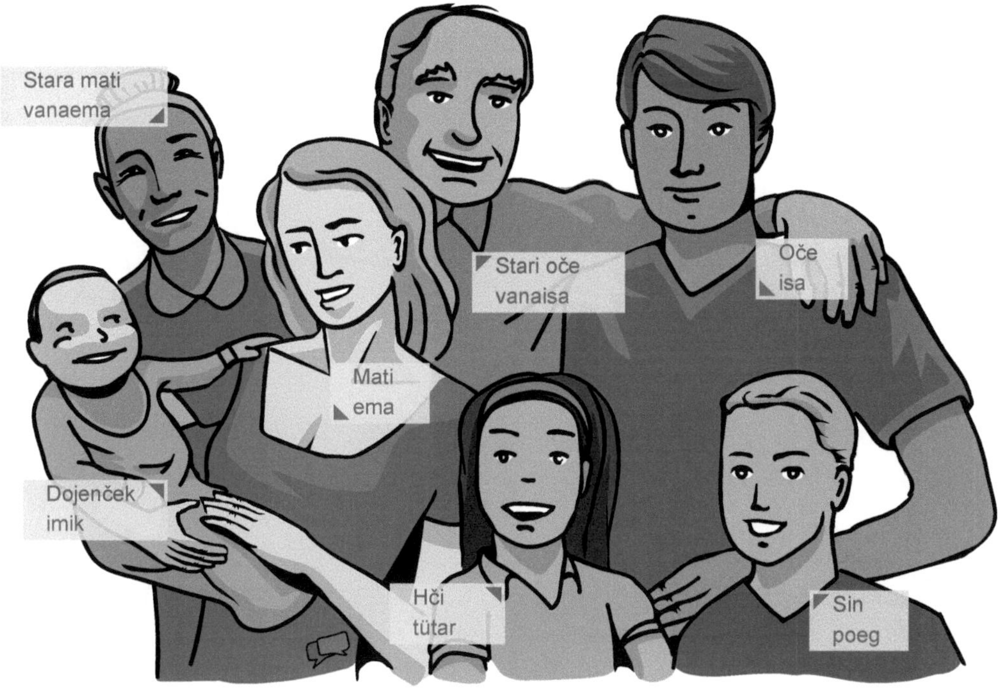
Stara mati
vanaema
Stari oče
vanaisa
Oče
isa
Mati
ema
Dojenček
imik
Hči
tütar
Sin
poeg

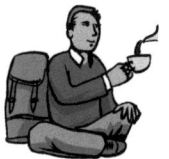

Gost

külaline

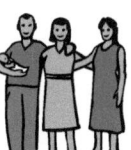

Teta

tädi

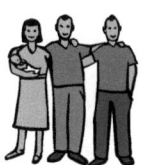

Stric

onu

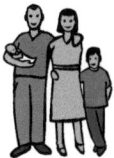

Brat

vend

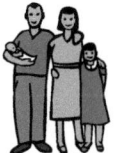

Sestra

õde

Telo
keha

Čelo
otsmik
Oko
silm
Rama
õlg
Prst
sõrm
Obraz
nägu
Brada
lõug
Dlan
käsi
Prsi
rind
Noga
jalg
Roka
käsivars

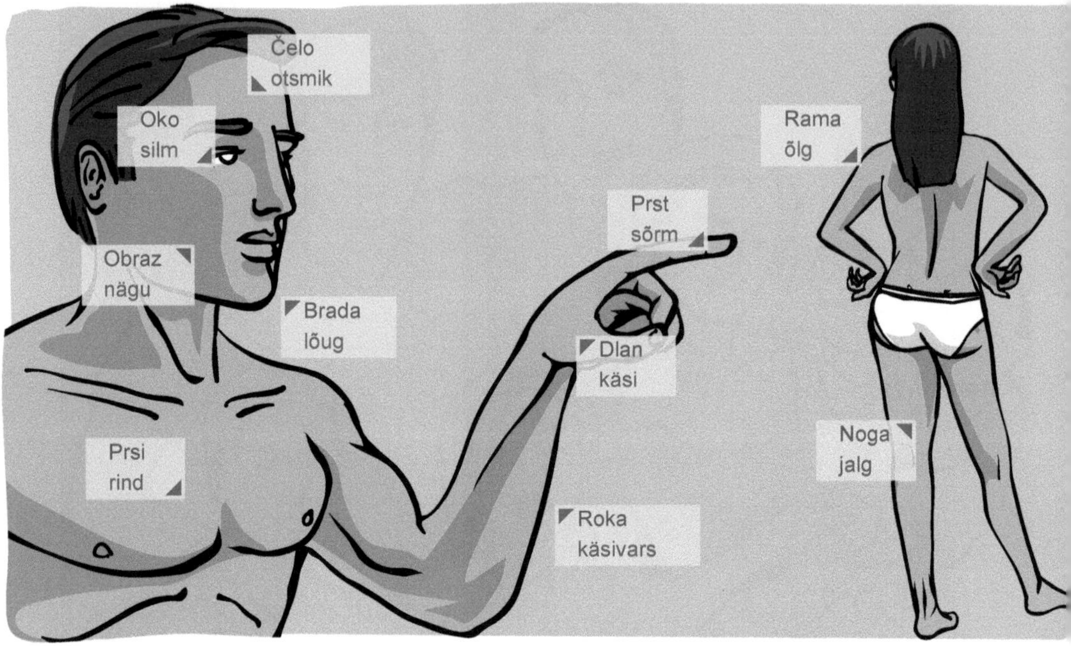

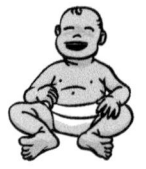

Dojenček
imik

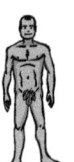

Človek
mees

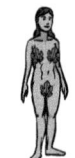

Ženska
naine

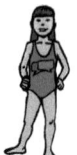

Dekle
tüdruk

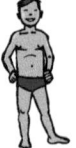

Fant
poiss

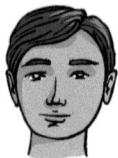

Glava
pea

Hrbet

selg

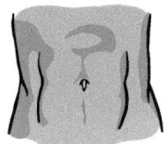

Trebuh

kõht

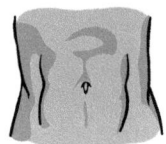

Popek

naba

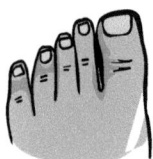

Prst na nogi

varvas

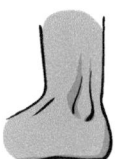

Peta

kand

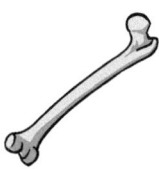

Kost

luu

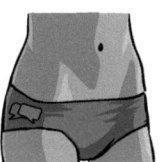

Kolk

puus

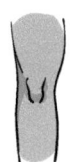

Koleno

põlv

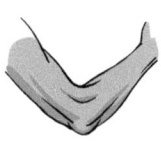

Komolec

küünarnukk

Nos

nina

Zadnjica

tagumik

Koža

nahk

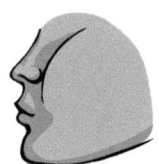

Lice

põsk

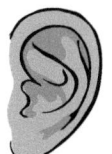

Uho

kõrv

Ustnica

huuled

Usta

suu

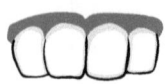

Zob

hammas

Jezik

keel

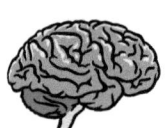

Možgani

aju

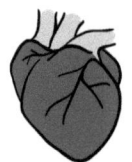

Srce

süda

Mišica

lihas

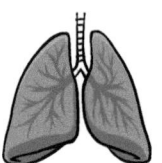

Pljuča

kops

Jetra

maks

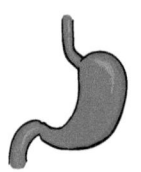

Želodec

magu

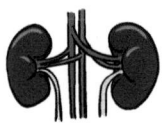

Ledvice

neerud

Spolni odnos

seksuaalvahekord

Kondom

kondoom

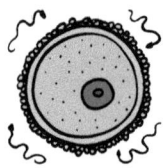

Jajčece

munarakk

Semenska tekočina

sperma

Nosečnost

rasedus

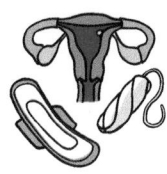

Menstruacija

menstruatsioon

Vagina

vagiina

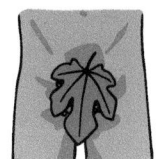

Penis

peenis

Obrv

kulm

Lasje

juuksed

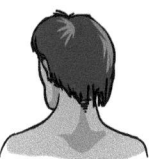

Vrat

kael

Bolnišnica
haigla

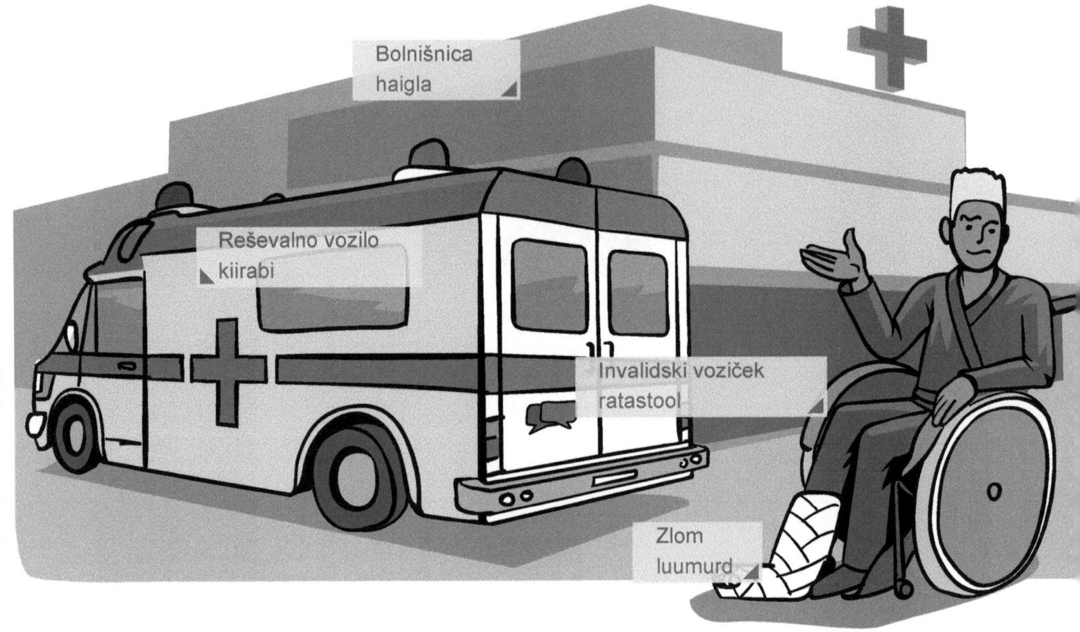

Bolnišnica
haigla
Reševalno vozilo
kiirabi
Invalidski voziček
ratastool
Zlom
luumurd

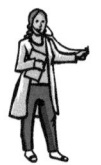

Zdravnik
arst

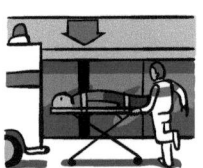

Urgenca
traumapunkt

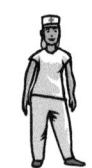

Medicinska sestra
meditsiiniõde

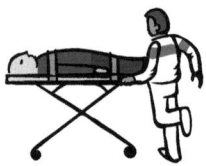

Nujni primer
hädaolukord

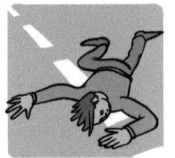

Nezavesten
teadvuseta

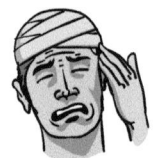

Bolečina
valu

Poškodba

vigastus

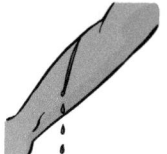

Krvavenje

verejooks

Srčni infarkt

südamerabandus

Kap

insult

Alergija

allergia

Kašelj

köha

Vročina

palavik

Gripa

gripp

Driska

kõhulahtisus

Glavobol

peavalu

Rak

vähk

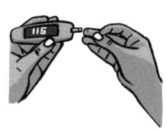

Sladkorna bolezen

diabeet

Kirurg

kirurg

Skalpel

skalpell

Operacija

operatsioon

CT

KT

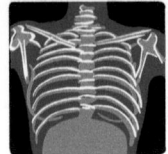

Rentgen

röntgen

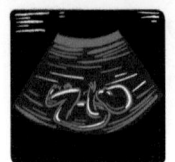

Ultrazvok

ultraheli

Obrazna maska

mask

Bolezen

haigus

Čakalnica

ooteruum

Bergla

kark

Obliž

kips

Preveza

side

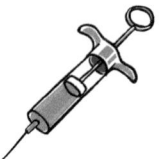

Injekcija

süst

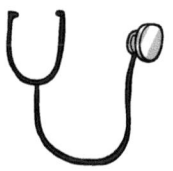

Stetoskop

stetoskoop

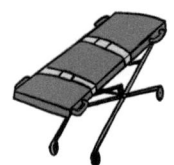

Nosila

kanderaam

Klinični termometer

kraadiklaas

Porod

sünd

Prekomerna teža

ülekaaluline

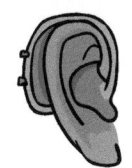

Slušni pripomoček

kuuldeaparaat

Razkužilo

desinfektsioonivahend

Okužba

põletik

Virus

viirus

HIV / AIDS

HIV / AIDS

Medicina

meditsiin

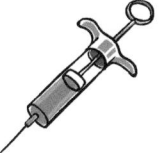

Cepljenje

vaktsineerimine

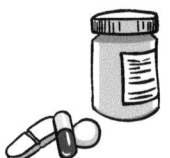

Tablete

tabletid

Tableta

pill

Klic v sili

hädaabikõne

Merilnik krvnega tlaka

vererõhuaparaat

bolano / zdravo

haige / terve

Na pomoč!

Appi!

Alarm

häire

Napad

kallaletung

Napad

rünnak

Nevarnost

oht

Izhod v sili

avariiväljapääs

Gori!

Tulekahju!

Gasilni aparat

tulekustuti

Nezgoda

õnnetus

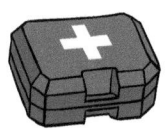

Komplet za prvo pomoč

esmaabikomplekt

SOS

SOS

Policija

politsei

Evropa

Euroopa

Severna Amerika

Põhja-Ameerika

Južna Amerika

Lõuna-Ameerika

Afrika

Aafrika

Azija

Aasia

Avstralija

Austraalia

Atlantski ocean

Atlandi ookean

Tihi ocean

Vaikne ookean

Indijski ocean

India ookean

Južni ocean

Lõuna-Jäämeri

Arktični ocean

Põhja-Jäämeri

Severni tečaj

põhjapoolus

Južni tečaj

lõunapoolus

Antarktika

Antarktika

Zemlja

Maa

Kopno

maismaa

Morje

meri

Otok

saar

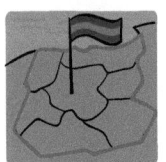

Narod

rahvus

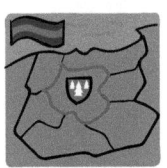

Država

riik

Številčnica

sihverplaat

Urni kazalec

tunniosuti

Minutni kazalec

minutiosuti

Sekundni kazalec

sekundiosuti

Koliko je ura?

Mis kell on?

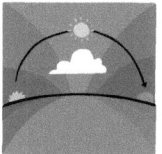

Dan

päev

Čas

aeg

Zdaj

praegu

Digitalna ura

digitaalne kell

Minuta

minut

Ura

tund

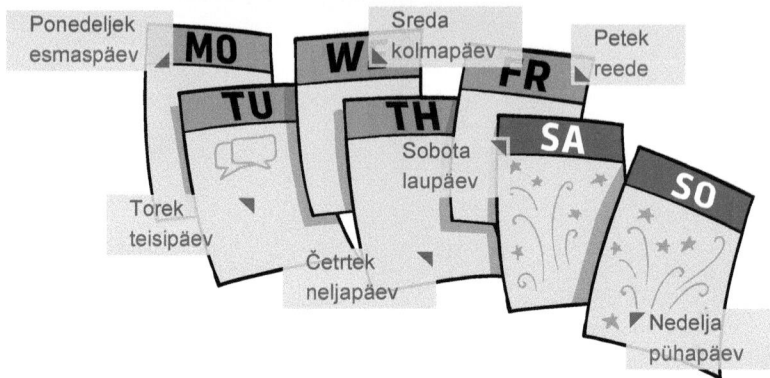

Ponedeljek esmaspäev
Sreda kolmapäev
Petek reede
Torek teisipäev
Četrtek neljapäev
Sobota laupäev
Nedelja pühapäev

Včeraj
eile

Danes
täna

Jutri
homme

Jutro
hommik

Poldne
lõuna

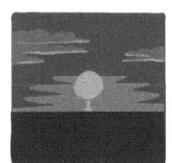

Večer
õhtu

MO	TU	WE	TH	FR	SA	SU
1	2	3	4	5	6	7
8	9	10	11	12	13	14
15	16	17	18	19	20	21
22	23	24	25	26	27	28
29	30	31	1	2	3	4

Delovni dnevi
tööpäevad

MO	TU	WE	TH	FR	SA	SU
1	2	3	4	5	6	7
8	9	10	11	12	13	14
15	16	17	18	19	20	21
22	23	24	25	26	27	28
29	30	31	1	2	3	4

Konec tedna
nädalavahetus

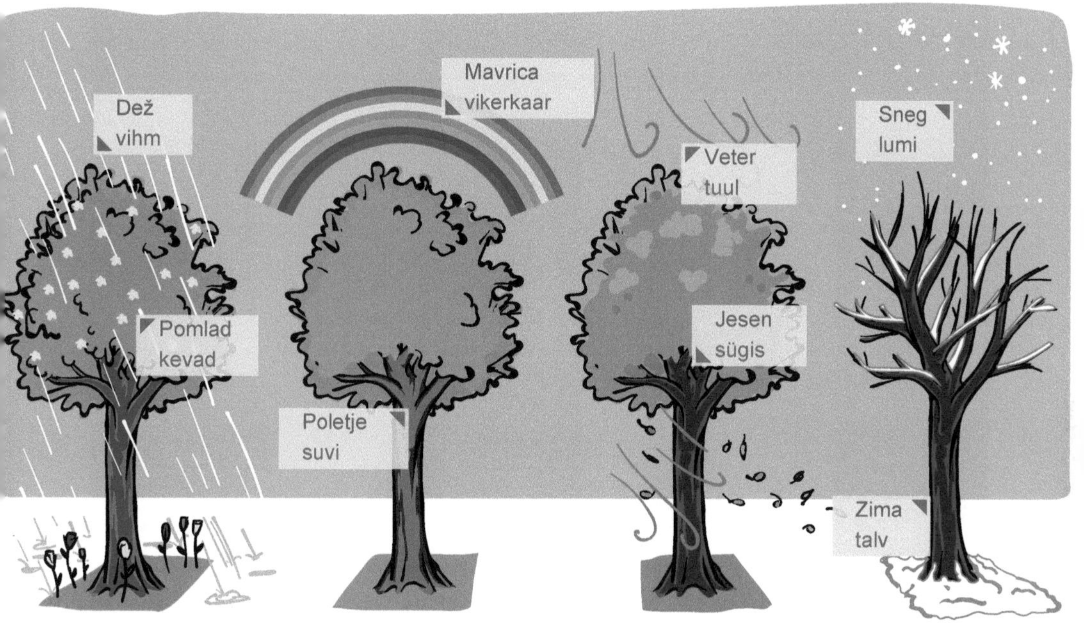

Dež
vihm

Mavrica
vikerkaar

Sneg
lumi

Veter
tuul

Pomlad
kevad

Jesen
sügis

Poletje
suvi

Zima
talv

4.APRIL	11°	☀
5.APRIL	4°	⛅
6.APRIL	13°	⛅
7.APRIL	8°	❄
8.APRIL	10°	☀

Vremenska napoved
....
ilmaennustus

Termometer
....
termomeeter

Sončna svetloba
....
päikesepaiste

Oblak
....
pilv

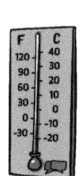

Megla
....
udu

Vlažnost
....
niiskus

Strela

pikne

Grom

kõu

Nevihta

torm

Toča

rahe

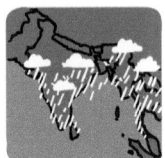

Monsun

mussoon

Poplava

üleujutus

Led

jää

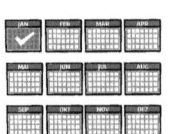

Januar

jaanuar

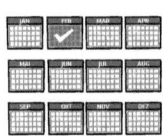

Februar

veebruar

Marec

märts

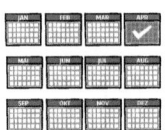

April

aprill

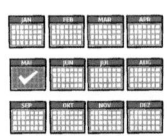

Maj

mai

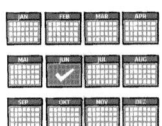

Junij

juuni

Julij

juuli

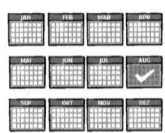

Avgust

august

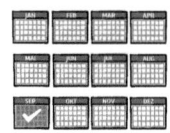

September
....
september

Oktober
....
oktoober

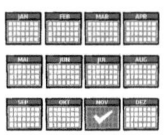

November
....
november

December
....
detsember

Krogla
....
ring

Kvadrat
....
ruut

Pravokotnik
....
nelinurk

Trikotnik
....
kolmnurk

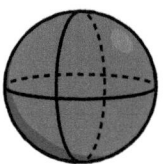

Krogla
....
kera

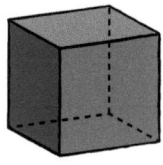

Kocka
....
kuup

Bela

valge

Rumena

kollane

Oranžna

oranž

Rožnata

roosa

Rdeča

punane

Vijolična

lilla

Modra

sinine

Zelena

roheline

Rjava

pruun

Siva

hall

Črna

must

veliko / malo

palju / vähe

jezno / umirjeno

vihane / rahulik

lepo / grdo

ilus / inetu

začetek / konec

algus / lõpp

veliko / majhno

suur / väike

svetlo / temno

hele / tume

brat / sestra

vend / õde

čisto / umazano

puhas / must

popolno / nepopolno

täielik / puudulik

dan / noč

päev / öö

mrtvo / živo

surnud / elus

široko / ozko

lai / kitsas

užitno / neužitno

söödav / mittesöödav

zlobno / prijazno

kuri / sõbralik

vznemirjeno / zdolgočaseno

põnevil / tüdinud

debelo / vitko

paks / peenike

prvo / zadnje

esimene / viimane

prijatelj / sovražnik

sõber / vaenlane

polno / prazno

täis / tühi

trdo / mehko

kõva / pehme

težko / lahko

raske / kerge

lakota / žeja

nälg / janu

bolano / zdravo

haige / terve

nezakonito / zakonito

ebaseaduslik / seaduslik

pametno / neumno

tark / rumal

levo / desno

vasak / parem

blizu / daleč

lähedal / kaugel

novo / rabljeno

uus / kasutatud

nič / nekaj

mitte midagi / midagi

staro / mlado

vana / noor

vklopljeno / izklopljeno

sees / väljas

odprto / zaprto

lahti / kinni

tiho / glasno

vaikne / vali

bogato / revno

rikas / vaene

prav / narobe

õige / vale

grobo / gladko

kare / sile

žalostno / veselo

kurb / rõõmus

kratko / dolgo

lühike / pikk

počasi / hitro

aeglane / kiire

mokro / suho

märg / kuiv

toplo / hladno

soe / jahe

vojna / mir

sõda / rahu

0	**1**	**2**
Ničla	Ena	Dva
null	üks	kaks

3	**4**	**5**
Tri	Štiri	Pet
kolm	neli	viis

6	**7**	**8**
Šest	Sedem	Osem
kuus	seitse	kaheksa

9	**10**	**11**
Devet	Deset	Enajst
üheksa	kümme	üksteist

12

Dvanajst

kaksteist

13

Trinajst

kolmteist

14

Štirinajst

neliteist

15

Petnajst

viisteist

16

Šestnajst

kuusteist

17

Sedemnajst

seitseteist

18

Osemnajst

kaheksateist

19

Devetnajst

üheksateist

20

Dvajset

kakskümmend

100

Sto

sada

1.000

Tisoč

tuhat

1.000.000

Milijon

miljon

Števila - numbrid

Angleščina

inglise

Ameriška angleščina

Ameerika inglise

Mandarinščina

mandariini

Hindujščina

hindi

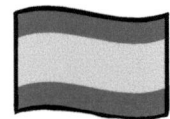

Španščina

hispaania

Francoščina

prantsuse

Arabščina

araabia

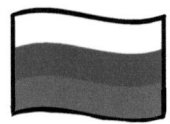

Ruščina

vene

Portugalščina

portugali

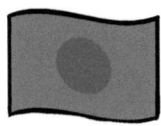

Bengalščina

bengali

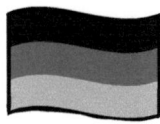

Nemščina

saksa

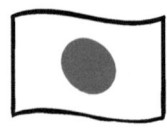

Japonščina

jaapani

Jaz

mina

Ti

sina

On / ona / tisto

tema

Mi

meie

Vi

teie

Oni

nemad

Kdo?

kes?

Kaj?

mis?

Kako?

kuidas?

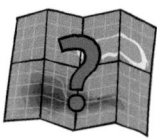

Kje?

kus?

Kdaj?

millal?

Ime

nimi

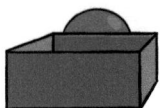

Zadaj

taga

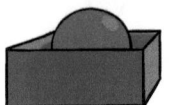

V

sees

Pred

ees

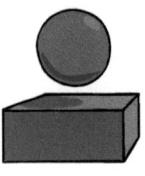

Nad

kohal

Na

peal

Pod

all

Poleg

kõrval

Med

vahel

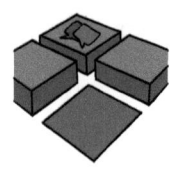

Kraj

koht